LES RÉFORMES POLITIQUES

ET

LES RÉFORMES SOCIALES.

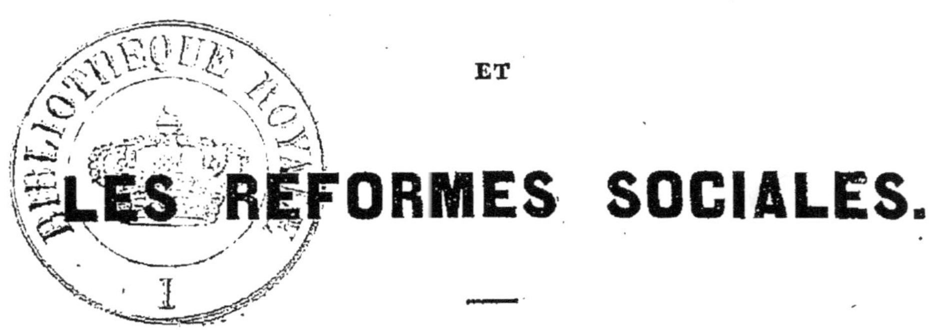

—

Avant que la discussion engagée entre plusieurs journaux, sur l'importance relative des réformes sociales et des réformes politiques, ne fasse complètement place à des préoccupations moins graves, il nous paraît nécessaire d'en résumer l'enseignement. Il importe, croyons-nous, de préciser le point où elle s'est arrêtée, afin qu'elle puisse être reprise plus tard facilement et fructueusement.

Chacun des organes opinant dans cette discussion y a conservé sa position particulière, et a mis principalement en lumière un des aspects de la question.

La *Presse* s'est placée au point de vue d'une conservation intelligente, au point de vue de l'intérêt bien compris du gouvernement de juillet, qu'elle espère amener par un simple déplacement de majorité à prendre l'initiative de plusieurs améliorations sociales. Les idées les plus nettes, les plus saisissantes qu'ait émises ce journal dans ce sens sont celles qui avaient pour objet de définir ce qui distingue les réformes sociales des réformes politiques, et ce qui rend les premières plus graves et plus urgentes que les secondes.

Les questions sociales sont celles qui touchent aux conditions d'existence des individus et des familles, à la constitution du travail et de la propriété, à l'équilibre entre la production et la consommation. Ce sont des questions de paupérisme, de mendicité, de grèves, de faillites, de famine, de vol, de prostitution, d'adultère, d'enfants abandonnés, de condamnés, de libérés, etc. Ces questions sociales, comme la *Presse* l'a montré, existent partout les mêmes, indépendamment de la forme diverse des gouvernements. Dans les Etats riches, libéraux et constitutionnels, comme l'Angleterre et la Belgique, elles sont encore plus graves et plus compliquées que sous les gouvernements absolus. La liberté pure et simple du commerce et de l'industrie, la libre concurrence de la production et de la distribution des richesses, loin d'avoir garanti la durée des industries et l'existence des travailleurs, les ont environnées de périls plus nombreux, de hasards plus funestes. Ces périls et ces hasards ne font que croître avec les progrès de l'industrie, avec le perfectionnement des machines, la durée de la paix, l'accroissement de la population, l'activité universelle de la concurrence internationale. On a beau changer la forme politique des gouvernements, remanier l'équilibre des pouvoirs et des nationalités, ces crises économiques et sociales n'avancent pas vers leur solution. L'étude de ces questions est donc indépendante de la querelle des partis ; elle lui est donc supérieure ; elle doit donc préoccuper avant tout la sollicitude des hommes politiques et des hommes d'État.

Dans cette démonstration, le journal la *Presse* a été parfait de logique et de netteté ; mais il est allé plus loin encore : il a posé en fait, dans son numéro du 13 octobre, que, pour la solution de ces questions sociales, il fallait sortir des routes battues et s'inspirer d'un *esprit nouveau*.

Le génie de l'homme, a-t-il dit, a pu inventer la parole de l'homme imprimée, asservir l'Océan, la vapeur, l'atmosphère, l'électricité, triompher ainsi des difficultés de l'espace et du temps : pourquoi n'inventerait-il pas une répartition meilleure du travail et du bien-être ?

Si le génie de l'homme ne se fût proposé pour tâche que de perfectionner le système des diligences traînées par des chevaux, en vain eût-il *allégé le poids des voitures, multiplié le nombre des roues;* il ne fût jamais arrivé à la vitesse d'un kilomètre par minute, vitesse qui, rigoureusement, peut être doublée.

Comment a-t-il accompli ce prodige? En puisant ses inspirations à une autre source, en les demandant à un *esprit nouveau.*

C'est aussi en demandant leurs inspirations à un *esprit nouveau* que peuples et gouvernements parviendront à résoudre les questions sociales nées des progrès de l'industrie et de la prolongation de la paix.

En écrivant ces lignes, le rédacteur de la *Presse* avait placé ses lecteurs sur la véritable voie. Malheureusement, c'était son dernier effort. La *Presse* du 7 novembre devait démentir celle du 13 octobre. Mise en demeure par nous de juger si la meilleure répartition du travail et de ses fruits ne dépendait pas de l'association de plus en plus large des industries et des intérêts dans la commune d'abord et graduellement dans le monde, la *Presse* n'a pas osé se prononcer. Elle n'a pas nié que cette formule ne fût la vraie, mais elle s'est laissée aller, le croirait-on? jusqu'à lui reprocher ce cachet d'*esprit nouveau* qu'elle avait d'abord déclaré devoir être le caractère de la véritable solution. La *Presse* du 7 octobre est donc venue dire qu'elle n'avait en vue que de déplacer et de convertir la majorité du 29 octobre sans l'effaroucher; que, plus modeste que nous, qui voulons *réformer les bases de la société,* elle n'aspirait, elle, *qu'à améliorer les moyens de gouvernement;* par exemple, à *alléger le poids des impôts qui pèsent sur les classes laborieuses, à affranchir de l'obligation du service militaire le cultivateur ou l'ouvrier qui n'a pas deux mille francs à donner pour s'en faire exempter,* etc.; en d'autres termes, à *perfectionner le système des diligences conduites par des chevaux, en allégeant le poids des voitures, en multipliant les roues,* ce qui, selon l'opinion de la *Presse* du 13 octobre, ne serait qu'une bien misérable solution.

Cependant, en s'arrêtant même à ces termes, quand elle s'en

tiendrait à poser franchement le problème social comme elle l'a fait, et à provoquer à son étude les hommes les plus éclairés de son parti, la *Presse* aurait déjà rendu un véritable service à la cause du progrès et de la vérité.

L'*Union monarchique* a discuté avec la *Presse* au point de vue de la nécessité qu'il y aurait, selon elle, de remettre en question devant le pays la constitution du pouvoir, afin d'assurer au gouvernement nouveau une sanction nationale et une liberté d'action qui lui permettraient d'opérer plus facilement les améliorations sociales. La feuille légitimiste subordonne tout à cette pétition de principes. La réforme sociale ne lui paraît possible que lorsque le pouvoir sera assis sur la base la plus normale, sur l'alliance complète du principe monarchique avec l'adhésion nationale. Cependant l'*Union*, déclarons-le à sa louange, reconnaît hautement la gravité des questions sociales et ne recule pas devant la nouveauté de leur solution. Elle accepte la formule d'association du capital et du travail comme base des réformes économiques. L'*Union monarchique* s'est même empressée d'accueillir le conseil que nous adressions aux riches capitalistes de son parti de prendre eux-mêmes, dès aujourd'hui, dans leurs propriétés et dans la limite de leurs rapports avec la classe ouvrière, l'initiative de l'association du capital et du travail. La feuille légitimiste s'est donc montrée, au moins sur ce point, plus hardie que la *Presse*. Il est certain que si le parti légitimiste, qui a longtemps passé pour aveuglément hostile à tout progrès, donnait noblement l'exemple de cette amélioration économique, il retrouverait par ce seul fait une influence morale supérieure à celle qu'il a perdue.

Le *National* n'est intervenu dans le débat que pour profiter des hésitations et des inconséquences de la *Presse*. La feuille radicale s'est appliquée principalement à démontrer que les liens qui rattachent encore la *Presse* à la majorité du 29 octobre et les espérances qu'elle fonde sur un simple déplacement de cette majorité ne lui permettent pas d'être beaucoup plus favorable aux réformes sociales qu'à la réforme électorale. Quant à ses propres convictions, le *National*, a pris au nom du peuple, la même position que l'*Union monarchique* au nom de la légitimité, et il fait dépendre comme elle la solution des problèmes économiques de la représentation la plus complète et la plus vraie de la souveraineté populaire au pouvoir. Fidèle à ce préjugé de parti qui n'admet pas que la société puisse s'améliorer elle-même, librement et autrement qu'à grands renforts de lois votées, de mesures générales et forcées, le *National* doute encore qu'on puisse, de plein saut et sans l'intervention du pouvoir, aborder la réforme sociale. C'est pourquoi il ajourne au succès d'un mouvement populaire ou d'une série d'évènements favorables l'étude des questions sociales. Sous ce rapport, la feuille radicale a plus de progrès encore à faire que la feuille conservatrice qu'elle combat. Les radicaux sont pleins des plus généreux sentiments à l'égard des classes laborieuses; mais ils ne veulent pas voir qu'il dépendrait d'eux de rendre dès aujourd'hui l'expression de ces sentiments moins platonique et plus efficace. Ils semblent ignorer qu'il n'y a pas de lois en France qui empêchent les radicaux propriétaires, agriculteurs, commerçants ou manufacturiers d'abolir le salariat dans leurs domaines et d'élever le travailleur à la dignité d'associé. Ils ignorent au moins qu'en ajoutant à leur opposition contre le gouvernement ce moyen d'action directe sur la société elle-même, ils pourraient déterminer dès aujourd'hui, sans difficulté, les réformes pour lesquelles ils attendent, comme les juifs, la venue du véritable Messie-Révolution.

La *Démocratie pacifique* étant le seul journal qui professe sur les questions sociales une théorie arrêtée, une doctrine complète, devait, à son tour, jeter quelque lumière dans le débat. Mais cette lumière, qu'elle tient d'un homme de génie mort presque ignoré, a le grand tort d'être trop vive, trop éblouissante. En France, où le courage est vulgaire, il est peu de personnes qui aient la résolution nécessaire pour braver l'ironie et le ridicule en proclamant la valeur d'une idée nouvelle. En conséquence, nous avons dû apporter à ce débat les éléments d'une solution sans crainte de les voir réfuter, mais sans espoir non plus de les voir immédiatement accepter. Confiants dans le résultat de toute discussion approfondie, il nous suffit que cette discussion s'engage pour que nous soyons satisfaits. Or, cette discussion a déjà arraché, de la bouche de chaque parti, des vérités trop utiles, des aveux trop conformes à nos propres convictions pour que nous ne les résumions pas bien nettement.

Les vérités émises par la *Presse*, c'est que les réformes sociales sont distinctes des réformes politiques et indépendantes des formes de gouvernement ; c'est que les questions sociales sont les plus graves, les plus urgentes, celles de la solution desquelles dépendent désormais le plus étroitement l'ordre public et la paix du monde ; c'est que, pour découvrir la meilleure répartition du travail et du bien-être, il faut absolument sortir des voies actuelles et s'inspirer d'un esprit nouveau.

Une vérité émise par l'*Union monarchique*, c'est qu'en tant qu'elles peuvent dépendre de l'initiative des gouvernements, les réformes sociales seront d'autant plus faciles à réaliser, que ces gouvernements seront forts et bien assis ; qu'à ce titre, même l'empereur de Russie et le duc de Modène pourraient plus aisément que tous autres, *s'ils le voulaient*, réaliser une organisation nouvelle du travail.

Le contingent de vérités du *National*, c'est qu'il importe peu que les réformes politiques et les réformes sociales effarouchent en ce moment les esprits de la majorité ministérielle ; c'est que la crainte de déplaire à cette majorité n'est pas une suffisante raison pour que les libres organes de l'opinion publique retiennent l'expression des sentiments, des vœux et des droits du pays ; c'est que les manifestations en faveur de la réforme électorale sont devenues aujourd'hui très compatibles avec les efforts qui tendent aux réformes sociales, puisqu'elles permettent d'édifier le pays lui-même sur tous les maux de la situation et sur tous les moyens de salut.

Une lettre de M. Anselme Petetin, insérée dans nos colonnes, a eu également pour objet de faire entrer dans ce débat deux vérités incontestables : la première, c'est que le progrès social, au milieu du dix-neuvième siècle, ne peut se réaliser que par la force morale de l'opinion ou des libres adhésions ; qu'en démontrant aux détenteurs de la loi et du pouvoir qu'ils ont plus à gagner qu'à perdre aux changements proposés. La seconde vérité, c'est que ce progrès de l'intelligence publique doit s'obtenir à la fois par le libre essor de toutes les manifestations politiques et socialistes, par tous les modes d'action sur le gouvernement ou sur la société, à la condition cependant que tous les hommes de progrès et de bonne volonté ne formeront coalition que pour s'aider entre eux et non pour s'exclure, que pour favoriser la réalisation de ce qui est chaque jour réalisable, au lieu de s'interdire l'accès de toute amélioration en se disputant une ridicule préséance.

Enfin les propositions non moins incontestables, émises dans ce débat par la *Démocratie*, se réduisent à ceci :

La solution des questions sociales dans des pays de liberté économique, comme la France et l'Angleterre, dépend plus spécialement et plus facilement des détenteurs de la propriété que des détenteurs du pouvoir. Dans ces pays constitutionnels, aucune loi ne s'oppose déjà à ce que les capitalistes, en s'associant entre eux, associent également à leurs bénéfices les travailleurs et réalisent tous les avantages économiques de l'uinté d'exploitation agricole, industrielle et commerciale, dans la commune d'abord et graduellement dans l'Etat. Ce mode de progrès social est le plus simple, le plus conciliant et le plus concluant.

Cependant, quoique indépendantes des formes politiques, les crises sociales affectent trop dangereusement l'ordre des sociétés et la paix du monde pour ne pas réclamer toute la sollicitude des gouvernements. L'Etat, en s'abstenant d'apporter la moindre entrave à la liberté industrielle et commerciale, tant qu'elle ne présentait aucun danger pour le bien public, n'a pu abdiquer le droit d'en corriger les abus, d'en régulariser l'essor, lorsque l'intérêt général l'exigerait. A ce titre, son intervention peut s'opérer de diverses manières. Il peut, sans doute, comme l'a indiqué la *Presse*, améliorer jusqu'à un certain point le sort des travailleurs par des dégrèvements d'impôts, par des réformes douanières, par des institutions de crédit et de secours ; mais l'exemple de l'Angleterre et de l'Irlande prouve que de telles améliorations sont bien impuissantes devant les maux de la concurrence, l'insolidarité des intérêts et le défaut d'équilibre entre la production et la consommation. L'Etat pourrait, à la rigueur, intervenir plus profondément dans la question, en changeant par des mesures légales et générales les rapports entre les maîtres et les ouvriers, en fixant lui-même la répartition du travail et de ses bénéfices, en corrigeant les vices du morcellement par une organisation unitaire des industries ; mais, en se proposant cette tâche, l'Etat se ferait lui-même, entrepreneur du commerce, de l'industrie et de l'agriculture, et il tenterait par conséquent la plus radicale révolution qu'on puisse imaginer. Le seul moyen moins arbitraire et moins coûteux qu'ait l'Etat d'assurer la meilleure solution du problème économique, c'est simplement de mettre à l'étude cette solution et d'en favoriser les expériences les plus simples et les plus locales. L'Etat peut, en se faisant autoriser par une loi, essayer lui-même l'application intégrale du principe d'association à l'exploitation d'une commune et encourager la libre imitation en cas de réussite. Il peut plus simplement encore favoriser cette fondation et toutes les expériences analogues par sa seule adhésion morale, par son seul concours de patronage et d'encouragement. L'Etat peut, par un seul mot d'approbation au système de réforme économique qui lui paraîtra le plus propre à concilier les intérêts et à garantir à la fois la liberté et l'ordre, lancer toute la bourgeoisie et le peuple dans la voie de leur commun salut.

Voilà en quoi seulement les réformes sociales dépendent des gouvernements en même temps que des détenteurs de la propriété. Voilà pourquoi toute réforme politique qui a pour but de faciliter l'avènement au pouvoir d'hommes plus vigilants, plus studieux et plus progressifs, ne peut qu'être utile à la cause sociale. Voilà pourquoi la réforme électorale elle-même peut servir d'acheminement aux réformes économiques.

Mais, en acceptant, en favorisant l'essor de toutes les tendances progressives, de toutes les idées de réforme politique ou sociale, il importe cependant de ne pas les confondre dans leurs buts, leurs procédés et leurs moyens. Ce serait mal servir la cause du progrès que ne pas distinguer entre des réformes, dont les unes dépendent plus particulièrement de la libre volonté des citoyens ou des détenteurs de la propriété, et les autres de l'édification des majorités on des détenteurs du pouvoir. Ce serait mal éclairer l'intelligence publique, seule arbitre de la question, que de lui cacher la route la plus courte, la plus directe, la moins encombrée d'obstacles et de préjugés. Or, cette route. c'est évidemment celle qui conduit à l'expérimentation des théories sociales dans l'atelier ou dans la commune, au moyen de l'initiative des capitalistes et des hommes de cœur, et qui ne réclame le vote des privilégiés et la sanction légale qu'après s'être assuré le succès.

Si, comme résultat de cette discussion, la *Presse*, l'*Union monarchique* et le *National* manifestaient dès à présent l'intention d'appuyer de leur adhésion l'appel que la *Démocratie* adressera au monde pour l'expérimentation d'une commune associée, ce seul fait serait probablement plus décisif pour la cause des réformes sociales, que toutes les autres manifestations progressives, auxquelles il ne pourrait du reste préjudicier.

FERDINAND GUILLON.

(Extrait de la *Démocratie pacifique*.)

LES DOULEURS

DE

LA PETITE PROPRIÉTÉ.

C'est bien à tort qu'un certain nombre de réformateurs ne comprennent dans la classe laborieuse et malheureuse que les prolétaires, les ouvriers salariés, et laissent en dehors de leur sollicitude la petite et la moyenne propriété. Si l'on s'arrêtait à l'acception vulgaire de leurs formules, tout ce qui possède parcelle de terre, patente, boutique ou pignon sur rue, serait heureux à envier et devrait même rendre gorge : tout ce qui reçoit salaire pour son travail serait seulement digne d'être réhabilité, émancipé, sauvé dans l'arche d'une nouvelle organisation économique.

Ce serait là un bien déplorable abus de l'antithèse.

Nous comprenons qu'en se plaçant au point de vue de la théorie pure, de l'humanité abstraite, on ne voie d'abord que les termes principaux du problème social et que le contraste choquant de l'extrême misère et de l'extrême richesse fassent négliger les douleurs intermédiaires. Mais quand on approfondit l'étude des faits, quand on se propose une solution complète, intégrale, pratique, il est impossible de ne pas reconnaître que les combinaisons mixtes, formées par le bien et le mal, par les ressources et les besoins, embrassent les neuf-dixièmes des éléments dont se composent les sociétés modernes.

Le malheur a sa variété comme toutes choses en ce monde. Le

malheur forme une série de termes gradués qui s'enchaînent par une solidarité fatale. Un concours réciproque de causes et d'effets entretient la contagion du même mal, en dépit des efforts divers qui le repoussent. Au point de départ de cette série on voit la misère absolue dans toute sa hideur, la misère qui trouve dans son abrutissement même l'insensibilité nécessaire à sa propre durée. A l'autre extrémité c'est l'opulence qui se débat dans le vide de ses propres désirs, qui s'ennuie et se blase dans sa décevante et lourde oisiveté. Là comme ailleurs les deux extrêmes se touchent; car la richesse colossale fait le dénuement complet et *vice versâ*; car le mendiant abruti a plus d'un point de contact avec le riche blasé. Mais c'est entre ces deux extrêmes que le malaise social se développe dans toutes ses nuances; c'est au centre de cette série que la douleur est d'autant plus vive qu'elle est mieux douée de vie et de sensibilité. Ici le mouvement se presse par actions et réactions incessantes, en participant à la fois des efforts émancipateurs du peuple opprimé et de la résistance aveugle de l'égoïsme repu. Ici la joie et le bonheur n'apparaissent par fugitives lueurs qu'autant qu'il le faut pour aiguillonner le courage et soutenir la lutte contre les causes permanentes du mal social. On sait qu'il est des plaies hideuses et des opérations chirurgicales effrayantes à voir, qui font moins souffrir le malade que la lésion mystérieuse de l'âme ou la déchirure d'épiderme affectant l'homme sain. Ainsi, les douleurs et les inquiétudes des petits propriétaires peuvent-elles souvent dépasser en amertume celles du prolétaire et du mendiant vagabond.

Les souffrances les plus vives du pauvre sont des souffrances physiques, causées par les privations matérielles; les souffrances les plus amères du riche sont principalement morales et dévorent dans la racine ses sentiments eux-mêmes, ses espérances, ses illusions. Mais les vicissitudes de la classe moyenne procèdent, nous le répétons, des deux extrêmes et sont à la fois morales et matérielles. Cette petite bourgeoisie, que certains réformateurs croient émancipée et sauvée, joint ordinairement aux soucis du travailleur, aux fatigues permanentes du travail, l'inquiétude du propriétaire, les craintes incessantes qu'entraîne la responsabilité d'une entreprise chanceuse. Ces petits propriétaires cultivateurs qui couvrent aujourd'hui le sol de la France morcelée par eux, et qui parviennent à force de sueurs à lutter contre le défaut de crédit, de science ou d'instruments de travail, contre l'impuissance d'élever une nombreuse famille, sont certainement dans une position bien moins désespérée que les prolétaires irlandais, auxquels on ne reconnaît aucun droit sur les fruits du sol qu'ils fécondent. Cependant, n'oubliez pas que c'est la sensibilité qui fait la douleur. L'excès du malheur d'autrui n'a jamais diminué le mal qu'on ressent soi-même. La race irlandaise prouve seulement par sa longue résignation que l'excès de misère amortit l'énergie morale. Nos paysans agriculteurs ont montré, l'hiver dernier, une susceptibilité plus grande pour de bien moindres maux.

Voyez-vous ces petits marchands, ces petits fabricants pour lesquels nos architectes et nos entrepreneurs croient devoir à tout rez-de-chaussée construire boutiques, magasins et ateliers, comme si les bénéfices du commerce et de l'industrie étaient illimités, inépuisables; comme s'il suffisait de produire et d'exposer pour être sûr de vendre : eh bien ! c'est parmi ces bourgeois laborieux, que la concurrence entraîne peut-être le plus de maux en France, que les hasards de la guerre industrielle sévissent le plus cruellement. Imagine-t-on ce qu'il entre d'efforts et d'espérances dans la fondation d'une seule de ces petites industries, ce qu'il y a de labeurs, de patience, d'expédients et de combats pour soutenir et défendre contre la ruine ce toit familial, cette tente industrielle ; ce qu'il y a d'angoisses et de douleurs dans la faillite quand elle arrive! On citait, il y a vingt et trente ans, des fortunes rapides, scandaleuses, faites par des épiciers et marchands de vins de la capitale. Mais, depuis, que le coin de chaque rue s'est décoré d'un étalage d'épicerie et d'une enseigne bachique, ne demandez plus combien de ces débitants font fortune, demandez plutôt combien d'entre eux plient bagage et ferment boutique dans un mois.

Les malheureuses familles ! elles passent pour aisées, elles se prétendent elles-mêmes au-dessus de leurs affaires, et elles vivent cependant avec mille inquiétudes dans l'âme. Le luxe décore leur devanture, leurs magasins et leurs comptoirs ; mais ce luxe n'est qu'un masque trompeur, qu'un appât au chaland. La dame de la maison possède une mise recherchée, élégante même, et sourit à tous les venants ; mais chacun de ces sourires est suivi d'une récapitulation mentale de doit et avoir, et d'une pensée d'échéance prochaine qui rident ce front soucieux. Dans le demi-salon formant arrière-boutique, on voit un piano sous la main d'une jeune fille ; mais la simple location de cet instrument de plaisir n'est peut-être pas payée. Les efforts, les rêves, les mille projets que font les deux époux pour sauver, par l'éducation, leurs enfants de la misère, pour épargner à leur avenir les peines qu'ils éprouvent, seraient dignes d'être chantés par des poètes et d'être exaucés par Dieu comme la plus pure des prières. Cette famille n'a pas seulement son existence du jour engagée dans l'industrie, elle y a l'avenir tout entier ; elle y a l'amour-propre, l'honneur, sa réputation de probité et d'honnêteté. Les simples ouvriers, que ces bourgeois se voient douloureusement forcés de renvoyer, vont souvent trouver ailleurs un travail fatiguant, mais dégagé de responsabilité et d'inquiétudes ; tandis que eux, les maîtres enviés, travaillent encore aux heures où les ouvriers ne travaillent plus, méditent en vain sur les moyens de relever leur crédit, d'étendre leurs affaires, d'éviter un protêt, d'obtenir un renouvellement de billets, et ne trouvent souvent pas dans le rêve même de la nuit une diversion à tant d'angoisses. L'ouvrier n'a pas à rougir de sa pauvreté et oublie dans sa liesse du dimanche la civilisation tout entière ; le bourgeois lutte entre la nécessité de paraître à son aise et la conscience de sa détresse d'argent, entre le désir de revoir la joie sur les fronts de sa famille et la crainte de regretter cette joie en la payant trop cher. Souffrances d'autant plus vives, qu'elles sont muettes, d'autant plus profondes qu'elles se cachent et ne se font que deviner. Cherchez, observez, regardez bien ; sur dix familles bourgeoises vivant d'une exploitation industrielle, commerciale ou agricole, vous n'en trouverez qu'une ou deux au foyer desquelles la sécurité sera mieux assise et qui démentiront ce triste croquis ; chez chacune des autres, les accidents peuvent varier, le tableau change, mais le fond de douleurs reste le même.

L'opposition, a dit M. de Lamartine, se nourrit de tout ce qui souffre. Ce mot si vrai en politique l'est encore plus en socialisme. La réforme sociale, pour être juste et salutaire, doit embrasser toutes les classes et supprimer toutes les formes du malheur. Le droit de vivre et d'avoir un travail assuré est revendicable en France autant par les bourgeois que par l'ouvrier, autant par la petite propriété que par les prolétaires. En Angleterre, nous comprenons la démarcation absolue et la guerre acharnée entre le capital et le travail ; nous comprenons qu'une révolution sociale soit indispensable pour faire rendre gorge au petit nombre de ceux qui possèdent tout, afin d'améliorer le sort des masses qui n'ont rien. Mais, en France, la petite et la moyenne propriété peuvent faire cause commune avec le prolétariat ; car les quatre cinquièmes de ceux qui possèdent sont aussi à plaindre que l'ouvrier même qu'ils font travailler. Ce ne sont donc pas des mesures purement radicales qui résoudront le problème social. Ce n'est pas en créant des ateliers nationaux, dont le premier effet serait de ruiner toute la bourgeoisie, ni en fondant pour les ouvriers seuls des caisses de secours et des hôtels d'invalides qu'on soulagerait beaucoup le malaise économique. Ce n'est pas non plus en dégrévant les impôts, en diminuant l'armée pour donner de nouveaux bras à l'agriculture, au commerce et à l'industrie, qu'on améliorera le sort de la classe laborieuse, bourgeoise et plébéienne. Les bras, ils ne manquent pas, grand Dieu ! ils ne sont que trop nombreux pour les instruments de travail et le pain dont ils disposent. Ce qui manque à la propriété comme au prolétariat, c'est l'ordre et l'equilibre dans la production et la distribution ; c'est la justice dans la répartition des produits. Ce qui manque, c'est la sécurité de possession des

instruments de travail et des moyens de crédit , c'est la solidité des
entreprises, c'est la solidarité des efforts. des industries et des intérêts, toutes choses qui ne peuvent s'obtenir que par une organisation unitaire et variée des travaux, que par l'association intégrale
des forces productrices.

Or, qu'il soit bien entendu que la seule Réforme sociale, bien-
faisante et complète, celle qui conciliera les intérêts des capitalistes et des travailleurs, ne doit pas être en France moins désirée par
les bourgeois que par les ouvriers, ne doit pas être un moyen d'ex-
clusion, de spoliation ou de divisions intestines, mais, au contraire,
une bannière de fusion de classes, de ralliement de tous les individus qui souffrent pour vivre et pour travailler.

FERDINAND GUILLON.

(Extrait de la *Démocratie pacifique*.)

BUT SOCIAL

DE

LA CAISSE D'ÉPARGNE.

—

Les classes ouvrières comprendraient d'une manière mesquine le rôle des caisses d'épargne si elles ne les considéraient que comme des dépôts destinés à leur assurer quelques ressources pour le vieil âge ou pour les moments de morte-saison, de maladie, etc. Les fondateurs de ces institutions n'ont pas eu d'autre pensée, cela est vrai, mais on connaît l'étroitesse habituelle des vues et des bonnes intentions de la philanthropie. Chose singulière ! les apôtres les plus fervents des Caisses d'épargne n'ont-ils pas été en même temps les hommes-bornes par excellence, les hommes qui ont dogmatiquement prouvé que le peuple devait rester peuple et subir avec résignation la misère comme une loi fatále de la Providence ?

Non, une mission plus élevée est réservée à la Caisse d'épargne. Elle ne doit pas faire de l'ouvrier un petit rentier, qui immobilise ses capitaux pour recevoir un chétif revenu. On ne devient rentier que lorsque, l'âge arrivant, les forces vous abandonnent, mais tant qu'on est jeune et vif, on travaille et on fait travailler ses capitaux.

Tandis que les classes maîtresses du sol et des instruments de travail maintiennent, accroissent leur fortune par une activité sans cesse en éveil, et par les produits qu'elles retirent de leur argent et de leur industrie, le capital de la classe ouvrière est frappé dans les caisses d'épargne d'une paralysie complète, d'une caducité anticipée.

De sorte qu'à la classe ouvrière sont dévolus les deux rôles les moins profitables dans l'œuvre industrielle : elle y concourt, en rôle actif, par le mode le plus rude et le moins rétribué, celui de salariat ; — en rôle passif par le mode le plus caduc et le plus rétrograde, celui de rentier. — Oui, caduc et rétrograde, car celui qui est rentier et n'est que cela, voit sa fortune décroître tous les jours par l'avilissement du signe monétaire ; on était presque riche à Paris, en 1815, avec 6,000 fr. de rente ; cette richesse, en 1847, est arrivée à n'être que médiocrité.

Rentier et salarié, on ne prend point part aux profits. On peut épargner, on peut ne pas manger tout son salaire et toute sa rente, mais on ne gagne pas, on ne s'enrichit pas, on n'acquiert pas de prépondérance.

Or, la question est de savoir si la classe des ouvriers veut et doit rester éternellement rentière et salariée ; — si, comme salariée, elle doit subir les extorsions d'une mauvaise distribution des profits sociaux ; si, comme rentière, elle se dévouera toujours à une sorte de vieillesse précoce.

Elle est jeune, forte et active. Il ne lui convient en aucune façon de retirer la force industrielle que l'épargne lui acquiert, du mouvement des affaires ; car, encore une fois, un capital qui vaut aujourd'hui cent francs vaudra moins dans vingt ans, — un capital qui se fait rentier diminue progressivement, sans avoir jamais aucune chance d'augmentation.

Et néanmoins les Caisses d'épargne ont été et sont encore une bonne institution, mais voici pourquoi :

Le salarié n'ayant aucune part au profit de l'industrie, ne pouvait s'enrichir que par l'épargne ; mais que faire de cette épargne, si mince, si chétive, presque imperceptible ? Individuellement ces épargnes ne sont rien, oui ! Mais collectivement, elles sont beaucoup. La Caisse d'épargne a été le réservoir où toutes ces gouttes d'eau se sont rassemblées et où chaque jour elles s'accroissent.

La goutte d'eau est devenue un lac magnifique, — ou plutôt, elle peut le devenir, car, jusqu'à ce jour, chacune d'elles est encore mise à part, et voisine des autres, en est soigneusement séparée.

C'est toujours, sous une autre forme, le même phénomène social : la majorité des hommes exploitée, faute d'accord entre elle, par une faible minorité.

Ces livrets de Caisse d'épargne, pris séparément, ne présentent chacun qu'une somme minime, ridiculement minime, et qui a fait considérer par de bons esprits l'institution des Caisses d'épargne comme une mystification philanthropique. — Pour créer une force, il faut les réunir.

En d'autres termes, il faut que le salarié concoure à l'œuvre sociale, par ses bras, par son intelligence, par ses capitaux ; — par ses capitaux, non pas en rentier impotent, mais en capitaliste actif, en industriel véritable, qui sait vivifier son argent et le rendre productif pour lui et pour les autres.

C'est assez dire qu'il ne doit pas chercher ses *profits* dans l'agiotage et la spéculation parasite. L'application qu'il fera de ses épargnes sera une œuvre sociale.

Ces capitaux ouvriers ne peuvent acquérir de force, d'importance, que par la fusion, l'association. Cette force, née de la solidarité, sera employée dans un intérêt solidaire, dans un intérêt général et plus ou moins étendu, mais ne saurait être restreinte à un intérêt purement privé. La politique des ouvriers doit être en toute occasion de créer des intérêts solidaires, car les classes des travailleurs ne sont misérables que par suite de l'insolidarité, du morcellement, de l'incohérence. Cette politique doit donc tendre sans cesse à remplacer le morcellement par la fusion, l'insolidarité par la solidarité, l'incohérence par l'association, — à multiplier les établissements dirigés d'après ces principes rédempteurs.

Une des œuvres les plus sociales à entreprendre et la plus fructueuse pour les salariés est l'extirpation du commerce intermédiaire dans les détails les plus pratiques de la vie. Prenons de suite un exemple :

On racontait dernièrement que les pêcheurs d'un des ports de la Manche avaient dû subir une baisse de prix de la part des marchands et entrepreneurs qui *achètent* et transportent à Paris le produit de leur pêche. — On a rarement, pensons-nous, entendu parler de pêcheurs qui se soient enrichis dans leur métier, et cependant la fatigue et le danger sont pour eux. Les marchands de poisson, au contraire, ont fait des fortunes considérables, sans risquer autre chose que de perdre un peu d'argent.

Il est évident que là il y a vice de distribution de fonctions; c'est le commerce, c'est l'intermédiaire qui a le moins de peine et le plus de profits ; c'est le travail qui a tous les dangers, et qui, en outre, est à la merci de ce commerce, intermédiaire entre lui et le consommateur.

Supposons que les pêcheurs s'aperçoivent de la duperie sociale dont ils sont victimes. Que peuvent-ils faire, n'ayant que leurs barques, leurs filets, une pauvre chaumière et pas d'argent ? Rien; mais si, à côté d'eux, avait été établi un réservoir dans lequel se fussent cumulées les gouttelettes des épargnes, peut-être qu'aujourd'hui, se voyant de nouveau rançonnés par les marchands, ils se mettraient à compter ce qu'ils auraient déposé à la Caisse d'épargne, et concevraient l'idée de réunir toutes ces sommes, de s'associer entre eux, de diriger directement sur Paris et d'y vendre eux-mêmes en gros et pour le compte de leur association les produits de leur pêche.

En adoptant cette marche, les pêcheurs feraient une opération doublement bonne, — bonne pour eux, en ce qu'elle les délivrerait d'un intermédiaire qui les pressure, — bonne pour le public, et partant sociale, en ce que dans une branche d'industrie on aurait supprimé un rouage superflu et parasite, à qui précisément cette qualité de parasite déverse la plus belle part des produits.

Les économistes pourront réclamer contre cette appellation de parasite, en prétendant que, dans l'état actuel des choses, l'acheteur et revendeur de poisson est un rouage indispensable entre le pêcheur et le consommateur. Vaine dispute de mots ! lorsqu'un mécanicien revoit une machine et qu'il en supprime quelque chose, cette chose était apparemment *de trop*, et c'était par pure ignorance qu'on la conservait. C'est aussi par ignorance qu'entre le pêcheur et le consommateur, se trouvent une foule d'intermédiaires qui enchérissent la marchandise et absorbent les profits. On doit tendre à établir une communication plus directe entre eux, et moins coûteuse.

Il est une foule d'industries, surtout des industries de consommation, qui appellent une réforme analogue : ce sont ces industries plus rapprochées de l'ouvrier, plus faciles à manier, plus accessibles aux petits capitaux, qu'ils doivent aborder à l'aide de leurs épargnes réunies. Et immédiatement nous pouvons faire comprendre combien le principe de l'association est salutaire. On a vu plus d'une fois des travailleurs qui, par telle ou telle circonstance, avaient acquis une petite fortune : que faisaient-ils ? Ils se lançaient dans ces métiers dont nous parlons, mais seuls et pour leur compte particulier ; ils multipliaient ainsi la concurrence de boutique à boutique, se ruinaient dans cette petite guerre, et perdaient ce qu'ils avaient gagné.

Loin d'accroître le nombre des boutiques, des ateliers, des entreprises, les associations que nous conseillons devraient au contraire le réduire. Cinquante mille francs placés sur un seul fonds et faisant manœuvrer une seule entreprise valent mieux que cinquante mille francs répandus sur vingt entreprises différentes, au capital de 2 et 3 000 fr.

Sans entrer dans aucun autre détail, résumons-nous en disant — qu'il ne convient pas au capital ouvrier de rester rentier — que chaque capital ouvrier, pris isolément, est trop minime pour être employé industriellement, ou que, s'il l'est quelquefois, on en tire mauvais usage, en multipliant la concurrence, l'anarchie industrielle et par suite les ruines et déperditions partielles ; — que la politique des ouvriers doit donc consister sur ce point à réunir et associer leurs capitaux pour former une seule entreprise considérable là où autrement on en formerait dix ou vingt petites qui se ruineraient réciproquement ; — que cette politique doit comprendre que le morcellement, l'insolidarité, l'incohérence sont synonymes de pauvreté, de douleur, d'oppression ; que tant que dureront ce morcellement, cette insolidarité, cette incohérence, il y aura des salariés, c'est-à-dire la majorité des hommes soumise à l'exploitation de la minorité ; — que l'on ne peut sortir du salariat que par l'association ; — que, s'il est divers degrés d'association, dont, suivant nous, le Phalanstère est le terme le plus élevé, rien n'empêche la classe ouvrière de monter dès à présent jusqu'à un des échelons inférieurs, celui des associations partielles de capitaux pour l'exploitation de certaines industries placées à sa portée, — et enfin qu'elle doit avoir constamment en vue, dans l'exercice de ces industries, d'amoindrir autant que possible les rouages inutiles, parasites, connus sous le nom général d'intermédiaires, de *commerce*, dont la disparition successive dénotera une amélioration dans l'organisation du corps social, qui les procrée en nombre d'autant plus grand qu'il est lui-même plus malade, comme un marais infect produit les moustiques et autres insectes malfaisants.

Donc, salariés, versez à la Caisse d'épargne pour vous former un capital, mais, ce capital formé, retirez-le vite de cette Caisse où il croupirait, et constituez-vous en associations utiles pour vous et pour le corps social, — pour vous et pour le corps social, — répétons-nous, parce qu'il est de votre destinée de ne rien améliorer tant que vous ne travaillerez que pour vous-mêmes, — de tout améliorer et de sauver tous les pauvres et tous les souffrants, lorsque vous travaillerez en vue de ce double intérêt, — l'intérêt personnel et l'intérêt collectif.

E. BOURDON.

(Extrait de la *Démocratie pacifique*.)

DOCTRINE

DE

L'HARMONIE UNIVERSELLE.

PUBLICATIONS

De l'École phalanstérienne

FONDÉE PAR FOURIER.

Aucun homme éclairé ne peut désormais rester dans l'ignorance de la Doctrine de Fourier. Chose bizarre ! on rougirait de ne pas connaître les philosophes de l'antiquité, les doctrines du moyen-âge et des derniers siècles ; on en scrute péniblement les textes, on écrit des volumes pour en éplucher les moindres mots ; et ces investigateurs, curieux souvent jusqu'à la puérilité, de la pensée des aïeux, n'éprouvent qu'indifférence pour celle du Siècle même où ils vivent ! Ils pâlissent sur les textes anciens ; ils ne se sentent pas le moindre désir de connaître les plus grandes Doctrines contemporaines !

La Doctrine de Fourier compte aujourd'hui des partisans nombreux chez tous les peuples civilisés de l'ancien et du nouveau continent. Après 15 ou 16 années de propagation, elle a fait dix fois plus de disciples et accumulé dix fois plus de travaux que, pendant le même laps de temps, aucune doctrine antérieure.

L'influence de ses principes est déjà d'ailleurs si grande, le mouvement socialiste qui en est sorti gagne chaque jour tant de terrain, que d'ici à quelques années les *questions sociales* seront l'objet capital de l'activité intellectuelle du monde politique lui-même.

De bonne foi , est-il permis de faire encore mépris d'une Doctrine qui aborde tous les plus graves problèmes posés par l'esprit humain ; qui, sur chacun d'eux, apporte des solutions lumineuses et systématiques, c'est-à-dire découlant toutes d'un principe suprême et générateur ; qui enserre dans ses larges flancs tous les intérêts pour les harmoniser, tous les droits pour les reconnaître et les organiser, tous les sentiments de l'humanité pour les développer dans un splendide et majestueux concert ; d'une Doctrine enfin qui compte dans ses rangs de nombreux représentants des classes les plus éclairées, savants, prêtres, magistrats, fonctionnaires, artistes, industriels, etc., etc., dans tous les pays; de la Doctrine, enfin, qui a donné le branle à ce grand mouvement d'*idées sociales* auxquelles le XIXe siècle devra bientôt son véritable caractère historique ?

En présence de ce développement rapide et puissant de l'idée socialiste et phalanstérienne, des livres nombreux qui s'en occupent (1), des conversations qui la mettent partout à l'ordre du jour, est-il permis à aucun homme de quelque valeur intellectuelle d'en parler sur des ouï-dire , de répéter, sur une Doctrine considérable, des jugements erronés, de lui prêter les vues les plus sottes et les plus absurdes ? — Si l'on veut parler ou écrire sur la Doctrine, il faut l'avoir étudiée à ses propres sources et non dans les comptes-rendus de la mauvaise foi et de l'ignorance.

La Doctrine est d'ailleurs aujourd'hui d'une étude facile. Tant qu'elle n'était encore formulée que dans les ouvrages de Fourier, nous reconnaissons qu'elle pouvait paraître d'un abord très-pénible et rebuter beaucoup d'intelligences; mais aujourd'hui de nombreux ouvrages élémentaires ont jeté un pont entre le domaine public et le monument grandiose éle-

---

(1) Il ne se publie pas aujourd'hui un livre sérieux ou se prétendant tel, qui n'en disserte avec plus ou moins de connaissance de cause.

vé par le Maître sur un roc de granit. Quiconque voudra entrer dans l'édifice et en visiter les richesses infinies, le peut désormais sans peine aucune : il n'y a plus, pour y atteindre, de pente escarpée à gravir ; on y arrive par une route large, désobstruée et attrayante.

Le lecteur curieux de s'engager sur cette route qui conduit aux plus somptueux domaines de l'intelligence et qui ouvre à la pensée humaine le monde philosophique, social et religieux de l'Avenir dans toute sa splendeur, a besoin d'un guide. Pour mener l'étude avec fruit, il faut qu'il puisse s'orienter dans le champ déjà considérable des publications de l'École Sociétaire. Nous allons lui faciliter cette tâche au moyen d'un Catalogue méthodique.

NOTA. Pour se faire une idée des travaux accomplis depuis 17 ans par l'École Sociétaire, il faudrait ajouter aux ouvrages de ce Catalogue le nom d'un assez grand nombre d'écrits épuisés qui n'y sont pas indiqués, et songer que les Publications périodiques de l'École, le *Phalanstère* (1831-33), l'ancienne *Phalange* (1836-43), la *Démocratie pacifique* (1843-48), la nouvelle *Phalange* (1845-48), et le *Bulletin phalanstérien*, contiennent vingt fois plus de matières que le Catalogue tout entier de la librairie, et traitent mille sujets dont il n'y est pas question. Aussi la collection des ouvrages périodiques est-elle nécessaire à consulter par qui veut connaître à fond les travaux de l'École et les solutions apportées par la Théorie à tous les grands problèmes contemporains. Les bibliothèques des centres phalanstériens importants doivent posséder ces collections.

EXTRAIT DU CATALOGUE

DE LA

LIBRAIRIE SOCIÉTAIRE.

(1er novembre 1847.)

TOUS LES LIBRAIRES DES PROVINCES

Font venir de Paris les ouvrages, sur demande, et livrent *aux prix* du Catalogue.

ON REÇOIT IMMÉDIATEMENT ET FRANCO

Par la poste, tout ouvrage demandé, en augmentant de 20 o/0 le prix coté au Catalogue. (S'adresser *franco* à la LIBRAIRIE SOCIÉTAIRE, rue de Beaune, 2, à Paris, et accompagner la demande d'un bon sur la poste.)

POUR LA VENTE EN DÉTAIL,

S'adresser à la LIBRAIRIE PHALANSTÉRIENNE, quai Voltaire, 25, en face du pont Royal.

OUVRAGES D'ÉTUDES PROGRESSIVES.

I. OUVRAGES PRÉPARATOIRES.

Ces ouvrages, peu volumineux chacun, doivent être consultés par les personnes qui ne veulent que *tâter* d'abord les principes généraux de l'École phalanstérienne, connaître son but et le caractère de ses moyens. Toutefois, si l'on est *décidé* à aborder l'étude de la Doctrine, on peut aller immédiatement aux ouvrages d'Exposition.

PRINCIPES DU SOCIALISME, *Manifeste de la Démocratie au XIXe siècle*, par V. Considérant, ancien élève de l'École polytechnique, membre du Conseil général de la Seine. (Programme des questions sociales ; étude des intérêts généraux et

des besoins de l'époque ; solutions des grands problèmes politiques et sociaux). 2ᵉ édition, grand in-18. Prix   » f. 50 c.

PETIT COURS DE POLITIQUE *et d'Économie sociale*, à
l'usage des ignorants et des savants ; par le même. (Critique
familière des préjugés de toutes les opinions.) 2ᵉ édit., 3ᵉ tirage.
gr. in-32.. » f. 40 c.

DÉBACLE DE LA POLITIQUE *en France* ; par le même. (Critique id. plus développée.) gr. in-12............. 1 f. 50 c.

MANIFESTE DE L'ÉCOLE SOCIÉTAIRE *fondée par Fourier*,
ou *Bases de la Politique positive* ; par le même. (Cet ouvrage s'adresse aux esprits habitués aux formes logiques et didactiques.) 2ᵉ édit. In-18.................... ... 1 f. 25 c.

PAROLE DE PROVIDENCE, *suivi de Morceaux choisis* ; par
Mᵐᵉ Clarisse Vigoureux. (Éloquente expression religieuse des
idées fondamentales de la Doctrine.) 2ᵉ éd. gr. in-18. 1 f. 50 c.

THÉORIE DES FONCTIONS (*Coup d'œil sur la*), par A. Ta-
misier, ancien élève de l'École polytechnique. (Vues générales
philosophiques.) 2ᵉ édit. In-32...................... » f. 50 c.

DE L'ANARCHIE INDUSTRIELLE, *Mémoire inédit de Fourier*. (Critique sociale et économique.) In-12...... - » f. 75 c.

Transition.

ALMANACHS PHALANSTÉRIENS, 1845, 1846, 1847, 1848.
(Articles nombreux et variés. Almanach beaucoup plus volu-
mineux qu'aucun de ceux qui se vendent au même prix.) In-16.
Chaque exemplaire.............................. » f. 50 c.

PRINCIPES PHILOSOPHIQUES, *politiques et économiques de
l'École Sociétaire*, par V. Considerant.   (*Paraîtra bientôt.*)

II. EXPOSITIONS ÉLÉMENTAIRES ABRÉGÉES.

Ouvrages excellents à consulter si l'on veut prendre
une première notion générale de la Théorie. Toutefois, aucun d'eux ne donne une lumière suffisante pour déterminer
une conviction approfondie.

VUE D'UN PHALANSTÈRE *accompagnée d'un texte explicatif.*
(Voir plus bas à l'article **OBJETS D'ART.**)

L'ORGANISATION DU TRAVAIL *et l'Association* ; par Math.
Briancourt, 2ᵉ édit., 3ᵉ tirage, gr. in-32.......... » f. 80 c.
— *Précis du même ouvrage*..................... » f. 30 c.

VISITE AU PHALANSTÈRE ; par le même. (Ouvrage descriptif
sous forme de Voyage dans un pays organisé d'après la Théorie
harmonnienne.) gr. in-32.   (*Paraîtra bientôt.*)

EXPOSITION ABRÉGÉE *du Système phalanstérien de Fourier,*
suivi des *Études sur quelques Problèmes fondamentaux de la
Destinée sociale* (9 *Thèses.*), par V. Considerant, 3ᵉ édit.,
4ᵉ tir. gr. in-32........................... » f. 60 c.
— *Le même ouvrage* sans les neuf thè-es......... » f. 30 c.

SOLIDARITÉ, *Vue synthétique sur la Doctrine de Fourier*, par
Hip. Renaud, ancien élève de l'École Polytechnique. 3ᵉ édit.
3ᵉ tirage. gr. in-18............................ 1 f. 25 c

Transition.

EXPOSITION DE LA THÉORIE *de Fourier*; leçons par V. Hennequin, avocat à la cour royale de Paris. in-8... 1 f. 50 c.

III. EXPOSITIONS ÉLÉMENTAIRES DÉVELOPPÉES.

DESTINÉE SOCIALE, par V. Considerant. (Cet ouvrage dont
on peut aborder la lecture sans préparation, initie complètement à la connaissance de l'Organisation phalanstérienne et aux
bases générales de la Doctrine), belle édition avec vignettes.
3 vol. in-8........................... 14 f. » c.
— Chaque volume se vend séparément, le 1ᵉʳ (2ᵉ édit.) 6 f. ; le
2ᵉ, 5 f. ; le 3ᵉ, 3 f.

LE FOU DU PALAIS-ROYAL, *Dialogues sur la Théorie Phalanstérienne*, par F. Cantagrel. (Complète la connaissance élé-
mentaire après la lecture de l'une quelconque des *Expositions
abrégées.*) 2ᵉ édit. fort vol. gr. in-18............. 4 f. » c.

INTRODUCTION A L'ÉTUDE *de la Science Sociale*, par A.
Paget, docteur en médecine. (Suffit aux esprits didactiques auxquels il convient spécialement.) 2ᵉ édit. 1 vol in-8.. 3 f. » c.

IV. OUVRAGES DE FOURIER.

On n'abordera ces ouvrages avec fruit qu'après être parvenu au degré de connaissance donné par les ouvrages de la précédente catégorie. ·

THÉORIE DE L'UNITÉ UNIVERSELLE. (C'est l'ouvrage capital de Fourier.) 2ᵉ édit. 4 fort vol. in-8, contenant le *Plan du Traité de l'Attraction,* et quatre vignettes. (tomes II, III, IV et V des œuvres complètes.)..................... 18 f. » c.
— chaque volume séparément.................... 4 f. 50 c.
— Le même ouvrage publié par livraisons. Prix de chaque livraison : 50 cent. pris au bureau. — *La souscription est permanente : une ou plusieurs livraisons par semaine, à la volonté des souscripteurs.*

LE NOUVEAU MONDE *industriel et sociétaire.* (Abrégé du précédent, mais néanmoins difficile à lire sans préparation.) 3ᵉ édit. fort vol. in-8. (tome VI des œuvres complètes.)... 5 f. » c.

THÉORIE DES QUATRE MOUVEMENTS. (Ne peut être lu avec fruit que comme complément d'études, après une connaissance avancée de la Théorie.) 3ᵉ édit. 1 fort vol. in-8. (tome I des œuvres complètes)...................... 6 f. » c.
— Les 6 vol. précédents........................ 28 f. » c.

OUVRAGES DIVERS.

Nous avons rangé dans les catégories précédentes les ouvrages que nous considérons principalement comme *classiques,* c'est-à-dire comme les plus propres à l'étude régulière et progressive de la Doctrine phalanstérienne.

Parmi ceux qui suivent, il en est beaucoup de propres à faire fonction d'engrenage par le développement de telles ou telles vues générales ou applications spéciales de la Théorie.

III. RELIGION ET PHILOSOPHIE; INTERPRÉTATIONS HARMONIQUES DES DOGMES, ETC.

LA DERNIÈRE INCARNATION. *Légendes évangéliques du XIXᵉ siècle,* par A. Constant...................... » f. 60 c.

8

LES TROIS MALFAITEURS, *légende orientale*, par le même.
. . . . » f. 30 c.
PRÉLUDE A L'UNITÉ *religieuse*, par L. C. de B. In-8. » f. 10 c.
LES NOUVELLES TRANSACTIONS SOCIALES DE VIR-TOMNIUS, par Just Muiron. *Épuisé.*
LES DOGMES, LE CLERGÉ *et l'État.* In-8. (V. Hennequin, E. Pelletan, H. de la Morvonnais et A. Colin.). . . . . 2 f. 50 c.
TROIS DISCOURS *prononcés à l'Hôtel-de-Ville*, par C. Dain, V. Considerant et d'Izalguier. Gr. in-8. . . . . 3 f. » c.
ÉGAREMENT DE LA RAISON, *démontré par les ridicules des sciences incertaines* **ET FRAGMENTS**, par Fourier. 2 f. 50 c.
DU LIBRE ARBITRE, par Fourier, article placé en tête de la 2ᵉ édition de la *Th. de l'Un. univ.* . . . . . *Sera édité séparément.*

V. ÉDUCATION.

MNÉMONIQUE GÉOGRAPHIQUE, opuscule de Fourier, 1 feuille in-8. — *Épuisé. Sera réédité.*
LES ENFANTS AU PHALANSTÈRE, *dialogue familier sur l'Éducation*, extrait du *Fou du Palais-Royal.* In-32. » f. 40 c.
L'ÉDUCATION ATTRAYANTE (*Théorie de*), *Dédiée aux Mères*, extr. de *Dest. soc.*, par V. Considerant. in-8. 3 f. » c.

VI. QUESTIONS D'ÉCONOMIE SOCIALE : ÉTUDES ORGANIQUES ET CRITIQUES.

Sous ce titre nous rangeons les publications concernant des questions d'organisation industrielle, administrative, de travaux publics, etc., la critique de la Féodalité financière, de la concurrence anarchique, etc.

ÉTAT INDUSTRIEL DE L'EUROPE, par Barral, ancien élève de l'École polytechnique. . . . . *Paraîtra incessamment.*
APPLICATION DE L'ARMÉE (*Étude sur l'*) *aux travaux d'utilité publique*, par J.-B. Krantz, ingénieur des ponts-et-chaussées, ancien élève de l'École polyt. grand in-8. . . . . 2 f. » c.
CRÉATION D'UNE ARMÉE DES TRAVAUX PUBLICS (*Projet de*), par le même. grand in-8. . . . . 1 f. 50 c.

DE L'ORGANISATION DES TRAVAUX PUBLICS, *et de la Réforme des Ponts-et-chaus.*, par F. Cantagrel. *Id.* 1 f. » c.

METTRAY ET OSTWALD, étude sur ces deux colonies agricoles. Broch. in-8, par le même. — *Épuisé.*

APERÇUS SUR LES PROCÉDÉS INDUSTRIELS. — URGENCE DE L'ORGANISATION SOCIÉTAIRE, par Just Muiron 2e édit., in-12. Paris, 1840................... 2 fr. »

GRÈVE DES CHARPENTIERS, par J. Blanc. In-12. 1 f. » c.

LE LIVRET C'EST LE SERVAGE. In-32............. 15 c.

Aux Communistes de bonne foi.

APPEL AU RALLIEMENT *de tous les socialistes, lettre de M. Rey*, communiste, *ancien conseiller à la cour royale de Grenoble, suivie d'observations par V. Considerant,* phalanstérien, *membre du Conseil général de la Seine*........... 05 c.

VIII. QUESTIONS D'ART. LITTÉRATURE. POÉSIE.

DESCRIPTION DU PHALANSTÈRE *et Considérations sur l'architectonique*, par V. Considerant. (Extr. de Destinée sociale, avec une préface.) 2e éd. augm. gr. in-18............. 75 c.

DE LA MISSION DE L'ART *et du rôle des Artistes*, par D. Laverdant. grand in-18................... 1 f. 25 c.

L'ESPRIT DES BÊTES, *et la chasse à courre*, par A. Toussenel................... *Paraîtra incessamment.*

RABELAIS A LA BASMETTE, par A. Constant, 1 vol In-8. Prix................... 1 f. » c.

CHANSONS DE LOUIS FESTEAU. 1 vol. in-32, 2 f. 25 c. On trouve à la Librairie Sociétaire les deux premiers volumes du même auteur, ce qui formera la collection entière.

LES CIVILISATEURS. Satires, par Fortuné Henry. » f. 30 c.

FABLES DE LACHAMBAUDIE. in-18............ 1 f. 50 c.

OBJETS D'ART.

UN PHALANSTÈRE (*Vue générale à vol d'oiseau d'*) ou *Village organisé d'après la Théorie de Fourier*; avec les campagnes environnantes. (Belle lithographie, de 35 centimètres sur 39, dessiné par *J. Arnoux, d'après les plans de Morize.*

Ce dessin est très-propre à faire comprendre le caractère général et les dispositions matérielles du Régime harmonien. Afin de répandre cet utile et charmant paysage, nous en avons, malgré la dimension, fixé le prix à...................................... 3 f. » c.
Épreuves coloriées.. 7 f. » c.
On peut avoir des épreuves de 1er tirage :
Gr. papier, épr. de luxe... 8 f.... Coloriées..... 12 f. » c.
Id. 2e tirage, épr. choisies. 5 f.... Coloriées...... 9 f. » c.

Cette gravure est la première page d'un *Album phalanstérien* qui sera publié progressivement.

Nous conseillons de joindre à cette lithographie la *Description du Phalanstère* (par V. Considerant), qui en est le texte explicatif. (gr. in-18, 75 c.) Toute personne qui voudra étudier la Théorie harmonienne ne saurait mieux faire que de commencer par examiner attentivement ce dessin en se rendant compte du dispositif général au moyen de la description. C'est la plus facile, la plus simple et la plus attrayante des initiations de 1er degré. Ce dessin accompagne très-bien également la lecture de *Visite au Phalanstère*, et généralement de tous les ouvrages d'Exposition.

PETITE BIBLIOTHÈQUE PHALANSTÉRIENNE.

Ou Publications au dessous de 1 fr.

CONCERNANT

LA THÉORIE SOCIÉTAIRE.

	f.	c.			
Almanach phalanstérien, chaque année.	»	50	La dernière incarnation	»	60
			Les trois malfaiteurs.	»	30
L'organisation du travail (par Briancourt)	»	80	Mémoire sur le libre-échange.	»	30
			Les enfants au Phalanstère.	»	40
Précis du même ouvrage.	»	30	Féodalité ou Association	»	75
Exposition abrégée (Considérant)	»	60	Des Boulangeries sociétaires.	»	30
			Insurrection des agioteurs	»	05
Le même ouvrage, sans les 9 thèses.	»	30	Le livret c'est le servage	»	15
			Appel au ralliement des socialistes	»	05
Principes du socialisme	»	50			
Petit cours de politique	»	40	Immoralité de la doctrine de Fourier	»	30
Théorie des fonctions	»	50	Les amours au Phalanstère.	»	50
L'anarchie industrielle.	»	75	Description du Phalanstère.	»	75
De la politique nouvelle	»	15			

IMPRIMERIE LANGE LÉVY ET Cⁱᵉ, 16, RUE DU CROISSANT.